Korea Bebras Challenge 2017

함께 즐기는 컴퓨팅 사고와 정보과학

비버 챌린지

― 2017년도 기출문제집 ―

초등학교 3~4 학년용

주최: 한국정보과학교육연합회(Korea Information Science Education Federation)
주관: 한국비버챌린지위원회(Bebras Informatics Korea)
후원: 한국정보과학회, 한국컴퓨터교육학회, 한국정보교육학회, 아주대SW중심대학사업단
협찬: 코딩로봇연구소

출제진

강윤지(서울양진초등학교)	안문옥(여월중학교)	고정길(아주대학교)
김도용(인천먼우금초등학교)	이현아(도담중학교)	김동윤(아주대학교)
김슬기(선부초등학교)	김지혜(충북고등학교)	박영기(춘천교육대학교)
김인주(대전동광초등학교)	김학인(한성과학고등학교)	박희진(한양대학교)
김태훈(제주교대부설초등학교)	문광식(세종과학예술영재학교)	신승훈(아주대학교)
전수진(상미초등학교)	송석리(한성과학고등학교)	안성진(성균관대학교)
전재천(대구매천초등학교)	전현석(경기과학고등학교)	예홍진(아주대학교)
조진호(학천초등학교)	정상수(세종고등학교)	오상윤(아주대학교)
	정웅열(일산국제컨벤션고등학교)	이석원(아주대학교)
	정종광(경기과학고등학교)	전용주(안동대학교)
	최웅선(수원하이텍고등학교)	정인기(춘천교육대학교)

비버 챌린지 2017년도 기출문제집(초등학교 3~4학년용)

초판인쇄 2018년 9월 12일
초판발행 2018년 9월 19일

지은이 Bebras Korea
펴낸이 김승기
펴낸곳 (주)생능출판사 / **주소** 경기도 파주시 광인사길 143
출판사 등록일 2005년 1월 21일 / **신고번호** 제406-2005-000002호
대표전화 (031)955-0761 / **팩스** (031)955-0768
홈페이지 www.booksr.co.kr

책임편집 손정희 / **편집** 신성민, 김민보, 정수정 / **디자인** 유준범
마케팅 최복락, 최일연, 김민수, 심수경, 차종필, 백수정, 최태웅, 김범용, 김민정
인쇄/제본 영신사

ISBN 978-89-7050-961-7 03000
정가 6,000원

- 이 도서의 국립중앙도서관 출판예정도서목록(CIP)은 서지정보유통지원시스템 홈페이지(http://seoji.nl.go.kr)와 국가자료공동목록시스템(http://www.nl.go.kr/kolisnet)에서 이용하실 수 있습니다. (CIP제어번호: CIP2018028500)
- 이 책의 저작권은 (주)생능출판사와 지은이에게 있습니다. 무단 복제 및 전재를 금합니다.
- 잘못된 책은 구입한 서점에서 교환해 드립니다.

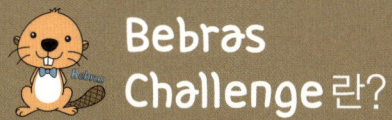

Bebras Challenge 란?

비버 챌린지는 정보과학 체험 축제입니다.

- 비버 챌린지는 전 세계 최대, 최고의 정보과학(Informatics) & 컴퓨팅 사고력(CT : Computational Thinking) 챌린지입니다.
- 비버 챌린지의 과제는 전 세계 60여개 국가가 공동 개발하며, 특별한 기존 지식이 없어도 누구나 도전할 수 있습니다.
- 비버 챌린지는 컴퓨터 기반 테스트(CBT)로 국제적인 도전에 참여할 수 있는 환경을 제공합니다.

비버 챌린지의 목표

협업하는 것을 좋아하고 도전적인 성격을 지닌 비버와 함께하는 비버 챌린지의 목표는 다음과 같습니다.

- 컴퓨팅 사고력의 체험과 신장
- 컴퓨터 활용 능력 및 윤리의식 신장
- 경쟁과 협업 능력 신장

비버 챌린지의 내용과 참가대상

ALP 알고리즘과 프로그래밍

DSR 자료, 자료구조와 표현

CPH 컴퓨터 처리와 하드웨어

COM 통신과 네트워킹

ISS 상호작용, 시스템과 사회

- 그룹 Ⅰ (초등학교 1학년 ~ 초등학교 2학년)
- 그룹 Ⅱ (초등학교 3학년 ~ 초등학교 4학년)
- 그룹 Ⅲ (초등학교 5학년 ~ 초등학교 6학년)
- 그룹 Ⅳ (중학교 1학년)
- 그룹 Ⅴ (중학교 2학년 ~ 중학교 3학년)
- 그룹 Ⅵ (고등학교 1학년 ~ 고등학교 3학년)

비버 챌린지는 순위를 매기지 않습니다.

비버 챌린지는 컴퓨팅 사고를 즐기며 도전하는데 의의를 둡니다.
개인석차나 백분율 등은 제공하지 않으며, 참가 학생들의 개인 정보를 제외한 응시 결과는 정보교육의 발전을 위한 연구 활동에 활용됩니다.

Bebras Challenge 2018에 도전하세요

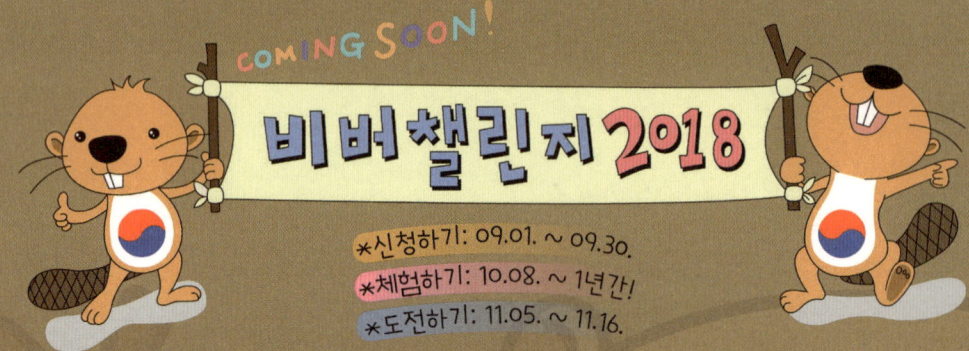

[1단계] 신청하기   18. 09. 01. (토)~18. 09. 30. (일)

- 비버 챌린지에 도전하기 위해서는 회원가입과 신청과정이 필요합니다.
- 현직 초·중·고 교사만 신청 가능합니다.

> 홈페이지(http://bebras.kr) 회원가입
> 로그인 및 신청하기 ▶ 결제하기 ▶ 응시코드 다운로드

[2단계] 체험하기   18. 10. 08. (월)~19. 08. 31. (토)

- 체험하기의 목적은 학생들이 비버 챌린지 문항 및 응시 방식에 적응할 수 있도록 돕는데 있습니다.

> 홈페이지(http://bebras.kr) 접속 ▶ 체험하기

[3단계] 도전하기   18. 11. 05. (월)~18. 11. 16. (금)

- 2018년 새로 개발된 비버 챌린지 문항에 도전해 보세요.

> 홈페이지(http://bebras.kr) 접속 ▶ 도전하기
> ▶ 결과보기와 이수증 발급

> 비버 챌린지 = Bebras Challenge
> Bebras Korea는 비버 챌린지를 처음 시작한 리투아니아 정보교육자들을 존중하는 의미에서 영문표기인 Beaver 대신 리투아니아어 표기인 Bebras를 사용합니다.

Bebras Korea?

Bebras Korea는 비버 챌린지 운영 조직입니다.

Bebras Korea는 우리나라 정보교육을 위해 봉사하는 현직 교사·교수들로 조직된 비영리 단체입니다. 비버 챌린지 운영을 위해 Bebras Korea는 다음과 같은 역할을 수행합니다.

- 비버 챌린지 발전 방향 논의 및 실행
- 비버 챌린지 평가 문항 개발
- 비버 챌린지 사이트 운영 및 관리
- 국제비버챌린지위원회와의 소통(http://bebras.org)
- 한국 정보(SW)교육 확산과 정착을 위한 지원

/차/례/

비버 챌린지란? ……………………………………………………… 3

비버 챌린지 2017 예시문항 ………………………………………… 7

비버 챌린지 2017 체험하기 ………………………………………… 13

비버 챌린지 2017 도전하기 ………………………………………… 27

정답 ……………………………………………………………………… 39
   예시문항 정답 ……………………………………………………… 41
   체험하기 정답 ……………………………………………………… 45
   도전하기 정답 ……………………………………………………… 57

비버 챌린지 2017
예시 문항

01 외계인들과 행성
02 전등 프로그래밍
03 비버의 옷 입기 규칙
04 상수도

01 외계인들과 행성

 문제의 배경

새로 발견된 외계 행성에 귀여운 외계인들이 살고 있다.

 문제/도전

외계인이 사는 행성을 연결할 때 떠올릴 수 있는 특징은 무엇인가?

A) 색깔   B) 회전 가능   C) 모양   D) 감정 표현

02 전등 프로그래밍

 문제의 배경

비버는 키보드를 사용하여 전등을 켜고 끈다. 키보드의 명령어가 실행될 때마다 켜진 전등은 꺼지고 꺼진 전등은 켜지게 된다. 예를 들어 명령어(세로1)를 한 번 실행하면 첫 번째 세로줄의 모든 램프가 켜지게 되고, (세로1) 명령어를 한 번 더 실행하면 첫 번째 세로줄의 모든 램프가 꺼지게 된다.

 문제/도전

비버가 프로그래밍 한 램프의 상태가 위와 같을 때 잘못된 프로그램을 두 개 고르시오.

A) (세로1) (세로5) (가로2) (가로3) (가로4)

B) (가로1) (가로5) (세로2) (세로3) (세로4)

C) (가로1) (가로5) (가로3) (가로4) (가로5) (세로1) (세로5)

D) (세로1) (세로2) (세로3) (세로4) (세로5) (세로1) (세로5) (가로1) (가로5)

비버의 옷 입기 규칙

 문제의 배경

복잡한 규칙에 따라 행동하는 것을 좋아하는 비버가 새로운 옷 입기 규칙을 만들었다. 그러나 일부 비버는 규칙대로 옷을 입지 않았는데 아래의 그림을 이용하면 비버가 알맞게 입고있는지 확인할 수 있다. 이와 같은 그림을 '나무'라고 부른다. 왜냐하면 실제로 나무 모양과 같이 맨 위에 있는 처음 지점(단일 노드)에서 다른 여러 지점(노드)으로 나뭇가지 모양처럼 연결되어 있기 때문이다. 모든 각 지점에서는 아래쪽의 나뭇가지 방향으로 이동하며 옷을 골라야 하고 다시 위쪽으로 올라갈 수는 없다.

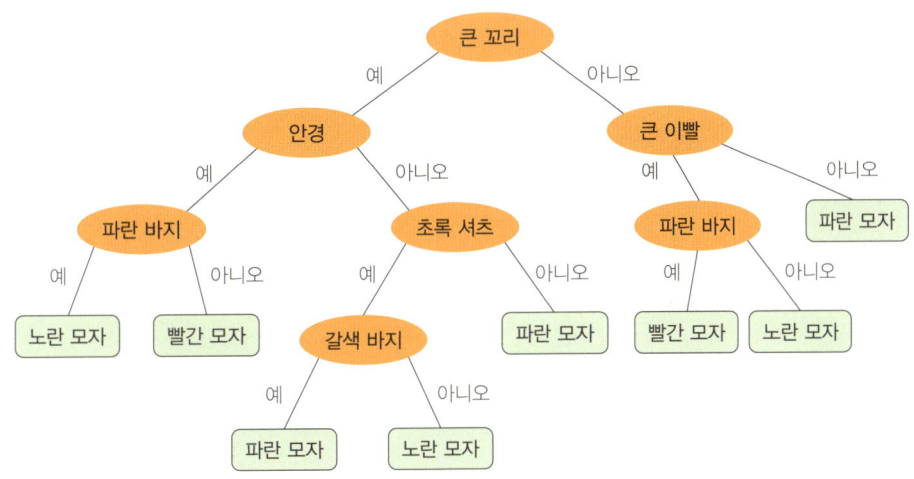

 문제/도전

다음 중 규칙에 맞지 않게 옷을 입은 비버는 누구인가?

A)  B)  C)  D)

04 상수도

 문제의 배경

비버는 사과나무에 물을 주기 위한 파이프라인 시스템을 구축했다. 다음 그림처럼 파이프라인 시스템에는 A, B, C, D의 수도꼭지가 포함되어 있다. 이 수도꼭지의 상태는 '참' 또는 '거짓' 중 하나이다. 각 수도꼭지 변수가 열려 있으면 '참'이고, 닫혀 있으면 '거짓'이다.

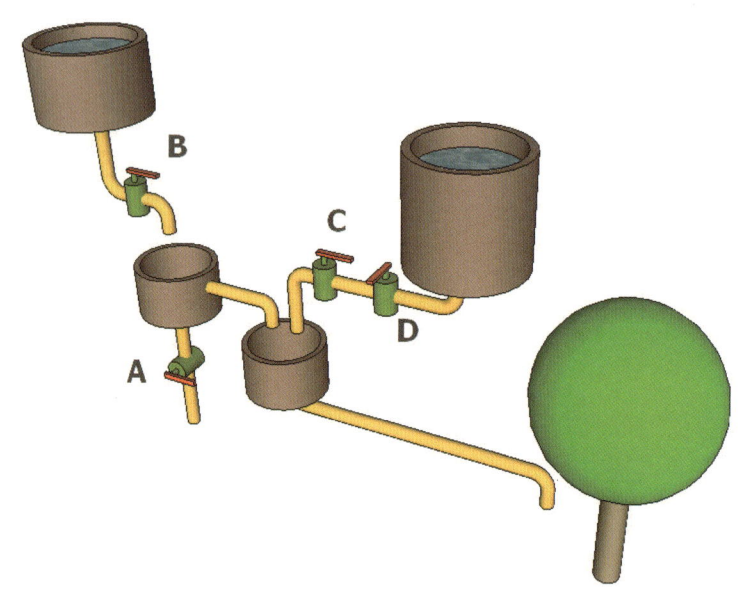

 문제/도전

다음 보기 중 사과나무에 물을 줄 수 있는 경우는 어떤 것인가?

(1) A = 거짓, B = 참, C = 거짓, D = 거짓
(2) A = 참, B = 참, C = 거짓, D = 거짓
(3) A = 참, B = 거짓, C = 거짓, D = 참
(4) A = 거짓, B = 거짓, C = 거짓, D = 참

비버 챌린지 2017 체험하기

01 미로문제
02 비밀 요리법
03 마법의 물약
04 래프팅
05 그림 바꾸기
06 공원 청소

07 꽃 색칠하기
08 네온 글자
09 무당벌레
10 비버 바둑
11 비버의 보온 컵 수집
12 비밀 메시지

01 미로문제

▶▶▶▶▶ Mazes, BE 벨기에

 문제의 배경

로봇 자동차는 간단한 규칙을 사용하여 미로를 통과한다. 그 규칙은 로봇 자동차가 앞으로 이동하다가 오른쪽으로 갈 수 있게 되면 반드시 오른쪽으로 회전하여 이동하는 것이다. 예를 들면, 오른쪽 그림의 미로에서 로봇 자동차는 녹색 선을 따라 이동하게 된다.

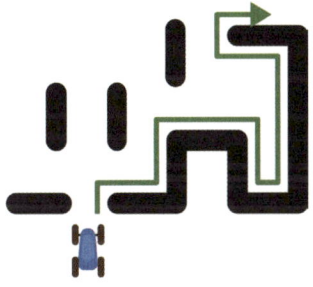

 문제/도전

로봇 자동차가 위의 규칙에 따라 움직였을 때, 아래 4개의 미로 중 빨간 점에 도달할 수 있는 미로는 모두 몇 개인가?

A 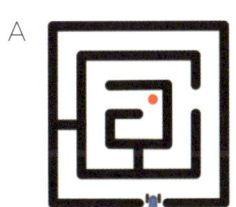 B  C 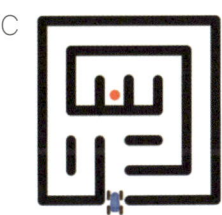 D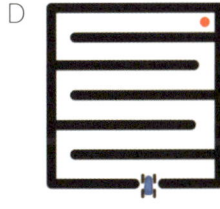

A) 0 B) 1 C) 2 D) 3 E) 4

02 비밀 요리법

▶▶▶▶▶ Secret recipe, HU 헝가리

문제의 배경

비버들이 케이크를 만들어 음식 축제를 열기로 했다. 그러나 케이크를 만들 수 있는 요리사는 이미 휴가를 떠나고 없었다. 영희는 비버들을 위해 케이크를 요리사 대신 만들어 주기로 약속했지만, 영희가 알고 있는 것은 다섯 가지의 꼭 필요한 재료를 정확한 순서대로 올려놓아야 한다는 사실뿐이다. 영희는 케이크를 만들 재료들 아래에 각각 하나의 종이가 놓여 있는 것을 보았다. 종이에는 그 재료 다음에 사용되어야 할 재료의 그림이 그려져 있었다. 그런데, 한 재료 옆에는 종이가 없었다.

문제/도전

케이크를 만들기 위해 가장 먼저 올려야 하는 재료는 무엇인가?

A)    B)    C)    D)

03 마법의 물약

▶▶▶▶▶ Magic Potions, JP 일본

문제의 배경

비버는 다섯 가지 마법의 물약을 발견했다. 물약 효과는 다음과 같다.

- 귀 물약은 귀를 길게 만든다.
- 수염 물약은 수염을 동그랗게 말아 올린다.
- 눈 물약은 눈을 하얗게 만든다.
- 이빨 물약은 이빨을 길게 만든다.
- 코 물약은 코를 하얗게 만든다.

비버는 각각의 물약들을 다섯 개의 비커에 담고, 물이 담긴 하나의 비커를 더 준비하여 여섯 개의 비커에 A~F까지 이름표를 붙였다. 그런데 어떤 비커에 어떤 물약이 담겨있는지 잊어버리고 말았다.

비버는 각각의 비커에 어떤 물약이 담겨있는지 알아내기 위해 다음과 같은 실험을 하였다.

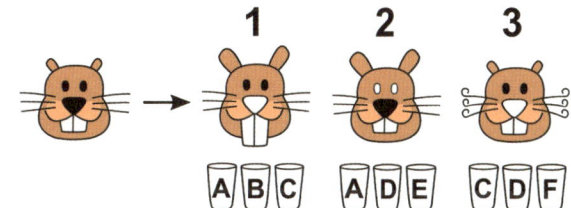

- 실험1: A, B, C 물약을 섞어 먹었더니, 그림의 1번과 같은 효과가 나타났다.
- 실험2: A, D, E 물약을 섞어 먹었더니, 그림의 2번과 같은 효과가 나타났다.
- 실험3: C, D, F 물약을 섞어 먹었더니, 그림의 3번과 같은 효과가 나타났다.

문제/도전

다음 중 비커에 담긴 물약이 모두 바르게 짝지어진 것은?

A) A비커: 귀 물약, E비커: 물
B) B비커: 이빨 물약, D비커: 물
C) E비커: 물, F비커: 수염 물약
D) C비커: 눈 물약, D비커: 물

04 래프팅

▶▶▶▶▶ Rafting, LT 리투아니아

 문제의 배경

비버들이 뗏목을 만들었다. 그런데 수상 교통 통제를 위해 모든 뗏목들은 번호판을 달아야 한다.

번호판은 문자와 숫자로 구성되며, 다음 그림의 화살표 순서대로 만들어진다.

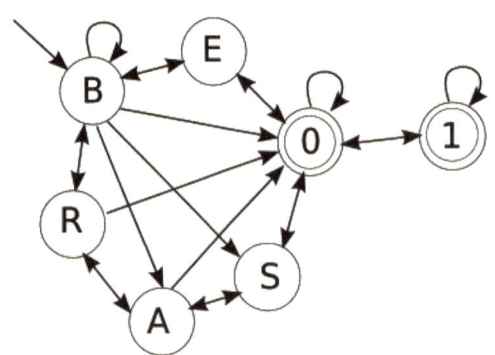

 문제/도전

다음 중 등록될 수 없는 번호판은?

A) BB0001 B) BBB011 C) BB0100 D) BR00A0 E) BSA001

05 그림 바꾸기

▶▶▶▶▶ Bebras Painting, PK 파키스탄

 문제의 배경

비버들은 마법의 롤러를 이용하여 어떤 그림이든 바꿀 수 있다. 〈그림 1〉과 같은 마법의 롤러를 사용하면 〈그림 2〉의 화살표 방향으로 현재의 그림을 다음 그림으로 바꿀 수 있다.

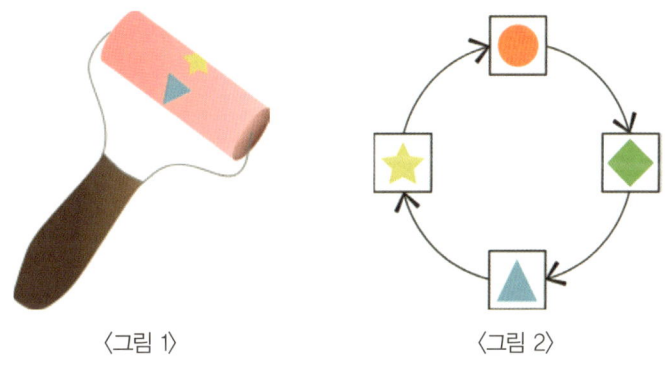

아래의 왼쪽 그림에 마법의 롤러를 사용하면 아래의 오른쪽 그림과 같이 변하게 된다.

 문제/도전

다음 그림에 마법의 롤러를 사용하면 그림이 어떻게 바뀌게 되는가?

A)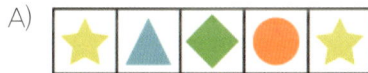

B)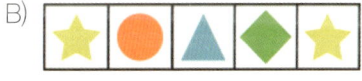

C)

D)

06 공원 청소

▶▶▶▶▶ Clean the Park, SI 슬로베니아

문제의 배경

지혜는 학교의 공원 관리인이며 공원에 있는 산책길을 항상 깨끗하게 유지하는 일을 하고 있다. 산책로는 모두 27개의 길로 구성되는데 길이는 10미터씩이다. 공원에 사는 비버는 통나무를 가지고 놀다가 그것들을 자주 길에 두고 간다. 그래서 지혜는 매일 아침 학교에서 출발하여 모든 길을 살펴본 후 다시 학교로 돌아온다. 그녀는 이 일을 쉽고 빠르게 하기 위해 가장 짧은 거리로 이동하려고 한다.

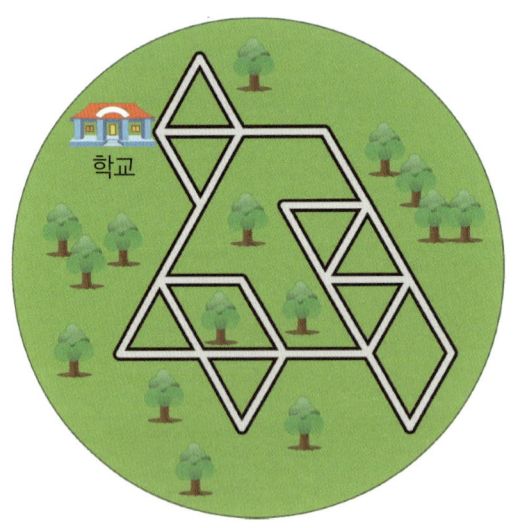

문제/도전

지혜는 매일 아침 최소 몇 미터를 걸어야 할까?

A) 270미터　　　B) 280미터　　　C) 300미터　　　D) 540미터

꽃 색칠하기

▶▶▶▶▶ Color of flowers, SK 슬로바키아

 문제의 배경

민홍은 꽃 색깔을 맞추는 컴퓨터 게임을 하고 있다. 게임을 시작하면 화면에는 아직 피지 않은 다섯 개의 꽃봉오리가 나타난다. 꽃은 파란색, 오렌지, 핑크색 세 가지 색깔만을 가질 수 있으며, 컴퓨터가 미리 정한 꽃의 색깔은 게임 중에 바뀌지 않는다. 민홍의 목표는 꽃의 색깔을 두 번 예상하여 맞추는 것이다. 민홍은 꽃의 아래에 있는 작은 원에 예상한 꽃의 색깔을 표시했다. 5개의 꽃의 색을 모두 예상한 후 "꽃 피우기" 버튼을 누르면 색깔을 맞힌 꽃은 피고, 그렇지 않은 경우에는 변화가 없다. 민홍은 꽃의 색깔을 예상하고 처음 "꽃 피우기" 버튼을 눌렀을 때의 결과는 아래와 같았다.

다시 한 번 꽃의 색깔을 추측하고, "꽃 피우기" 버튼을 눌렀을 때의 결과는 아래와 같았다.

 문제/도전

각 꽃의 색깔은 다음 중 어떤 것일까?

네온 글자

▶▶▶▶▶ Neon text, SK 슬로바키아

 문제의 배경

비버 레스토랑인 "RIVER(강)"의 입구에는 네온 불빛으로 된 글자들이 있다. 각 글자는 차례대로 반복하여 색깔을 바꾼다. 파란색 다음에는 빨간색이 켜지고, 빨간색 다음에는 노란색이 켜지고, 노란색 다음에는 파란색이 켜진다. 각 색깔에 따라 파란색은 3분, 빨간색은 2분, 노란색은 1분 동안 불빛이 켜진다. 오후 6시가 되었을 때 다음과 같은 색깔의 글자가 켜져 있었다.

 문제/도전

5분이 지난 후, 6분 째(6시 5분~6시 6분)가 되는 때에는 어떤 색깔의 글자들이 나타날까?

A)    B)

C)    D)

09 무당벌레

▶▶▶▶▶ Ladybugs, SK 슬로바키아

 문제의 배경

아래와 같이 표의 각 칸에 무당벌레가 있다. 바로 옆에 있거나 대각선 위치에 있는 칸을 '이웃'이라 부른다. 즉, 아래의 표에서는 ★의 칸은 8마리의 무당벌레가 이웃에 있다.

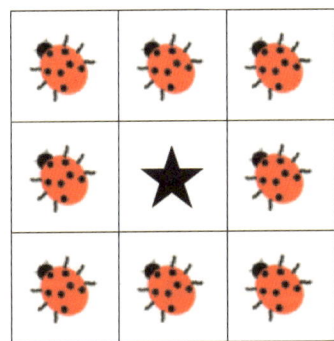

 문제/도전

이웃에 있는 무당벌레의 수가 가장 많은 칸은 어디인가?

A) A   B) B   C) C   D) D

10 비버 바둑

▶▶▶▶▶ BeaverGo, TW 대만

문제의 배경

비버 바둑은 한 명씩 번갈아 가며 검은색(또는 흰색) 돌을 놓는 2인용 보드게임이다. 이 게임의 목적은 게임이 끝났을 때 자신의 돌을 이용해 상대방보다 높은 점수를 얻는 것이다. 주연이는 로봇과 비버 바둑을 두고 있다. 로봇은 똑똑해서 언제나 상대방이 적은 점수를 얻도록 돌을 놓는다. 주연이와 로봇은 각각 한 번씩 돌을 놓을 수 있는 기회가 남아 있다. 가능한 모든 경우의 수와 그때의 점수는 아래의 그림과 같다.

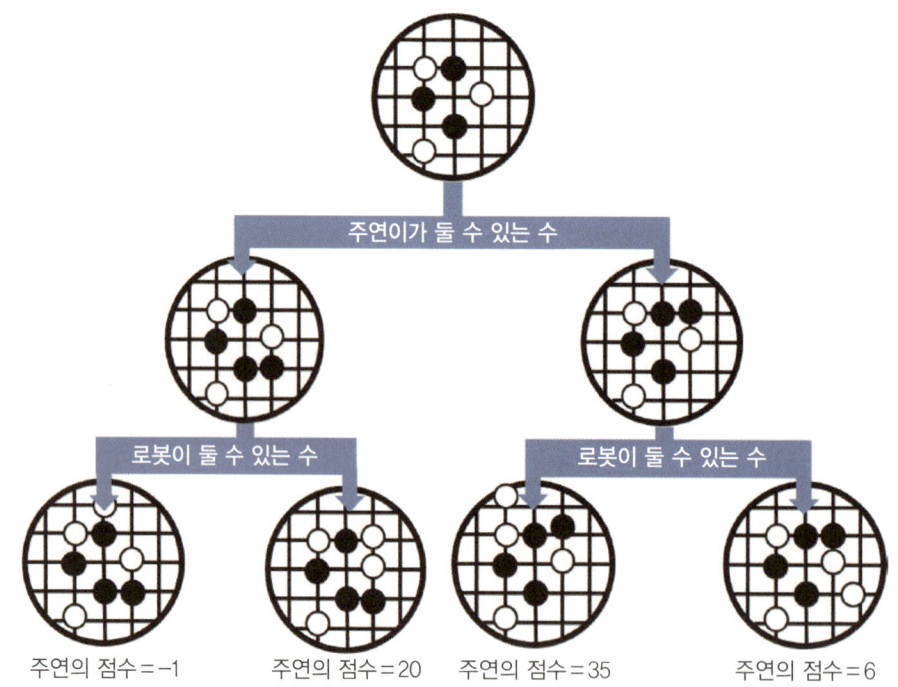

문제/도전

주연이의 목표가 최대한 많은 점수를 얻는 것이라면 게임이 종료되었을 때 몇 점을 얻게 될까?

A) −1   B) 20   C) 35   D) 6

11 비버의 보온 컵 수집

▶▶▶▶▶ Chuck's Collections, TW 대만

 문제의 배경

비버는 보온 컵을 모으는 데 관심이 많다. 그래서 비버는 각 도시마다 판매하는 보온 컵을 수집하였다. 그는 수집한 보온 컵들을 색깔과 대륙에 따라 분류하기로 했다. 비버는 보온 컵을 모두 분류하여 아래와 같이 기록한 후, 피곤하여 잠깐 잠이 들었다. 그러나 낮잠을 자는 사이, 어린 동생이 한 개의 수를 다른 수로 바꾸고 말았다.

	빨간색	노란색	녹색	파란색	갈색	합계
아시아	2	1	3	2	2	10
유럽	3	3	7	4	10	27
북아메리카	3	7	3	11	4	30
남아메리카	0	3	5	1	0	9
아프리카	1	0	0	0	0	1
오세아니아	0	2	1	1	0	4
합계	9	16	21	19	16	81

 문제/도전

비버가 다시 분류표를 완성하려면 어떻게 해야 하는지 고르시오.

A) 남아메리카의 갈색 보온 컵의 수가 1이 되어야 한다.

B) 북아메리카의 녹색 보온 컵의 수가 5가 되어야 한다.

C) 아시아의 빨간색 보온 컵의 수가 0이 되어야 한다.

D) 그 누구도 변경된 수를 찾을 수 없다. 비버는 보온 컵을 다시 처음부터 분류해야 한다.

12 비밀 메시지

▶▶▶▶▶ Secret Messages, UK 영국

문제의 배경

비돌이와 비순이는 비밀 메시지를 통해 대화한다. 비돌이는 비순이에게 다음과 같은 비밀 메시지를 보내고 싶다.

MEETBILLYBEAVERAT6

그는 각 문자를 4개의 열로 구성된 표에 썼다. 먼저 왼쪽부터 오른쪽으로 글을 쓰고 다 썼다면 다음 행으로 넘어갔다. 그리고 쓰이지 않는 빈 공간에는 X라고 썼다. 그 결과는 아래 그림과 같다.

그리고 비밀 메시지를 만들기 위해 표의 위에서부터 아래로 문자를 읽어 나가고, 다 읽었다면 다음 열로 넘어갔다.

MBYVTEIBE6ELERXTLAAX

비순이도 같은 방법을 이용하여 비돌이에게 아래의 비밀 메시지를 보냈다.

OIERKLTEILH!WBEX

문제/도전

비순이가 보낸 메시지는 무엇인가?

A) OKWHERETOMEET!
B) OKIWILLBETHERE!
C) WILLYOUBETHERETOO?
D) OKIWILLMEETHIM

비버 챌린지 2017
도전하기

01 2진수 대문
02 주차 공간
03 알림 글 전달
04 팔이 하나인 비버
05 웃어 주세요
06 새장
07 벽 지우기
08 다섯 개의 젓가락
09 벽의 틈을 찾아라

2진수 대문

▶▶▶▶▶ Binary gates, AZ 아제르바이잔

문제의 배경

비버들은 찾아오는 손님들을 환영하고 서로 방문하는 것을 좋아한다. 하지만 비버들은 자주 집을 비운다. 그래서 비버들은 대문의 상태가 어떤 정보를 표시할 수 있도록 하여 자신의 집을 찾아오는 손님들에게 알림 문장을 남기려고 한다.

비버들은 대문에 걸치는 3개의 막대기를 이용해 다음과 같은 4가지의 알림 문장을 만들어냈다.

지금 집에 있습니다. 들어오세요.	점심에 돌아올 예정입니다.	저녁에 돌아올 예정입니다.	밤중에 돌아올 예정입니다.

하지만 어린 비버 영희는 대문에 걸치는 막대기의 모양을 변화시켜 4개 이상의 서로 다른 알림 문장을 만들어 낼 수 있다고 생각했다.

영희는 대문에 걸치는 막대기들이 다음과 같은 조건들을 만족해야 한다는 것을 안다.

- 막대기들은 같은 높이에 맞춰 양쪽 모두 걸쳐야 하고, 한 쪽만 걸칠 수는 없다.
- 대문에 걸치는 막대기의 모양이나 연결 방향은 별다른 의미가 없다.

문제/도전

문제에 주어진 것과 같이, 3개의 막대기를 이용해 표현할 수 있는 서로 다른 알림 문장의 개수는 최대 몇 개일까? (문제에 주어진 4개도 함께 포함시킨다.)

A) 6개   B) 8개   C) 12개   D) 16개

주차 공간

▶▶▶▶▶ Parking Lot, CA 캐나다

 문제의 배경

어떤 주차장에는 12개의 주차 공간이 있고, 각 주차 공간에는 바닥에 번호가 그려져 있다.
아래 2개의 그림에는 월요일과 화요일에 사용된 주차 공간의 상황이 각각 그려져 있다.

주차장 공간(월요일)   주차장 공간(화요일)

 문제/도전

월요일, 화요일 이틀 모두 사용되지 않은 주차 공간은 총 몇 개일까?

A) 3개   B) 4개   C) 5개   D) 6개

03 알림 글 전달

▶▶▶▶▶ Message Service, CA 캐나다

 문제의 배경

비버 바이올렛은 다른 비버들의 도움을 받아 비버 레오에게 긴 알림글을 보내려고 한다. 바이올렛은 그 알림글을 최대로 3개로 된 글자뭉치들로 잘라 만든 다음, 각각 카드 한 장에 하나의 글자뭉치를 적은 후, 친구 비버들에게 한 장씩 나누어 주었다. 바이올렛은 친구 비버들을 통해 카드들을 전달할 때, 이리저리 순서 없이 아무 때나 전달된다는 것을 안다. 그래서 바이올렛은 친구들에게 카드들을 전달하기 전에 각 카드들에 숫자를 적어두었다. 친구 비버들을 통해 카드를 전달받은 레오는 바이올렛이 보낸 메시지를 확인하기 위해 번호에 맞춰 카드들을 정렬해야 한다. 예를 들어, 바이올렛이 DANCETIME이라는 메시지를 보낼 때에는 다음과 같이 3개의 카드로 만든다.

1	2	3
DAN	CET	IME

 문제/도전

레오가 친구 비버들로부터 받은 카드들의 순서가 다음과 같을 때, 바이올렛이 보낸 원래의 알림 글은 무엇일까?

A) GETSTICKYSHOCKS
B) STICKYGETHOOKS
C) GETHOCKEYSTICKS
D) KEYCKSHOCGETSTI

 # 팔이 하나인 비버

▶▶▶▶▶ One armed beaver, CH 스위스

 문제의 배경

나뭇가지에 잎이 많을수록 더 맛있다. 그래서 팔을 하나만 사용할 수 있는 다윗은 옆에 있는 임시 보관소를(하나의 나뭇가지를 올려놓을 수 있다.) 사용하여 나뭇가지를 맛있는 순서대로 놓으려고 한다.

 문제/도전

아래 그림과 같이 가장 맛있는 나뭇가지가 다윗에게 가까이 놓이도록, 나뭇가지를 맛있는 순서대로 놓이게 도와주자. 어떻게 하면 될까?

05 웃어 주세요

▶▶▶▶▶ Give me a smile, DE 독일

문제의 배경

비버는 카메라 이미지에서 웃는 얼굴을 감지하는 시스템을 개발했다. 그것은 두 단계로 작동한다.

1) 사전 처리: 얼굴 이미지를 눈과 입의 위치를 나타내는 두 개의 점과 선으로 이루어진 미소검사 얼굴 모델로 바꾼다.

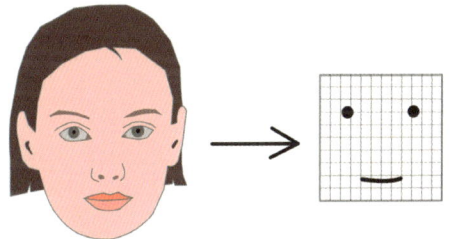

2) 미소 감지: 미소검사 얼굴 모델은 빨간색 선과 네 개의 녹색 점으로 이루어진 모형을 이용해 검사된다.
미소검사 얼굴 모델의 점과 선이 모두 모형의 녹색 점에 닿아 있고, 선의 모형이 빨간색 선에 닿지 않았을 때만 웃는 얼굴로 인정된다.

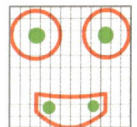

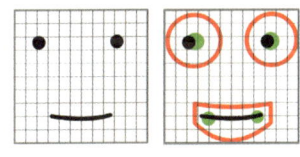   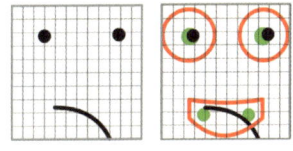

미소 짓는 얼굴   미소 짓지 않는 얼굴

문제/도전

다음 사전 처리된 얼굴 모델 중에서 웃는 얼굴은 몇 개인가?

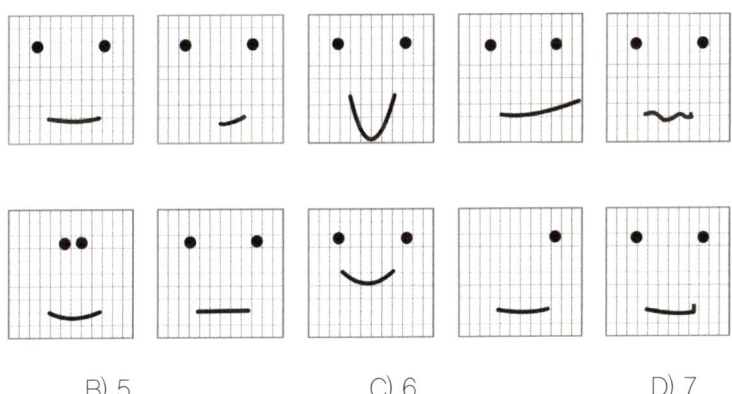

A) 4   B) 5   C) 6   D) 7

06 새장

▶▶▶▶▶ Bird House, RO 루마니아

문제의 배경

비버 엄마는 딸의 생일 선물로 새장을 사주려고 한다. 엄마는 딸에게 어떤 종류의 새장을 원하는지 물었다. 딸은 "2개의 창문과 하나의 하트 무늬를 가진 새장을 원한다."고 말했다. 그래서 비버 엄마는 딸이 원하는 새장을 사기 위해 애완동물 가게에 갔다.

새장 1   새장 2

새장 3   새장 4

문제/도전

비버 엄마가 딸을 위해 살 수 있는 장은 어느 것일까?

A) 새장 1   B) 새장 2   C) 새장 3   D) 새장 4

07 벽 지우기

▶▶▶▶▶ Erase walls, SK 슬로바키아

 문제의 배경

이 미로는 빈칸(흰색 네모 칸)과 벽(회색 네모 칸)으로 구성되어 있다. 빈칸으로부터 다른 빈 칸으로 이동할 수 있다. 이때, 가로 방향이나 세로 방향으로는 이동할 수 있지만, 대각선 방향으로는 이동할 수 없다.

 문제/도전

왼쪽 아래의 노란색 세모 칸에서 출발하여 오른쪽 위의 파란색 원으로 이동하려면, 최소 몇 개의 벽을 부숴야 할까?

A) 3   B) 4   C) 5   D) 6

다섯 개의 젓가락

▶▶▶▶▶ Five sticks, SK 슬로바키아

 문제의 배경

철수가 다섯 개의 젓가락을 테이블에 다음과 같이 올려두었다.

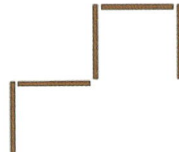

그리고 영희가 테이블에 있는 젓가락 하나를 집은 후 다른 곳에 두었다.

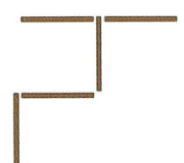

그리고 민수가 테이블의 젓가락 하나를 집은 후 다른 곳에 옮겨두었다.

 문제/도전

다음 중 민수가 만들 수 없는 모양은 무엇일까?

A)  B)  C)  D) 3

벽의 틈을 찾아라

▶▶▶▶▶ Find the gap, UK 영국

 문제의 배경

로봇이 빨간색 사각형에서 초록색 사각형으로 이동해야 한다.

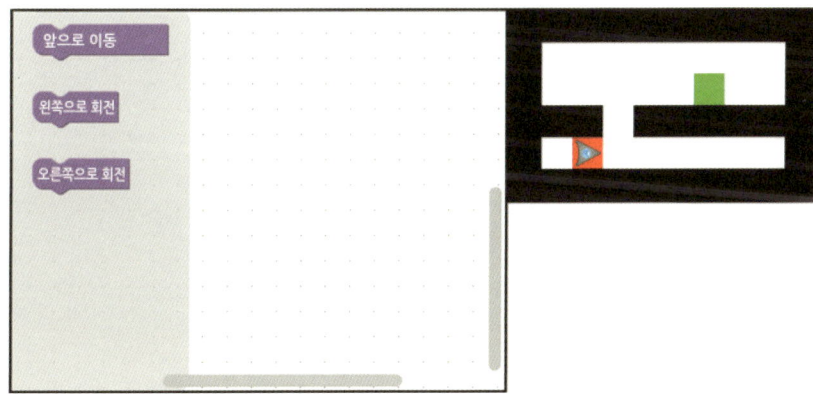

 문제/도전

다음 3개의 명령어를 이용하여 로봇을 위한 프로그램을 만들어 보자.

앞으로 이동

왼쪽으로 회전

오른쪽으로 회전

비버 챌린지 2017 정답

01 외계인들과 행성

| 정답 | C

문제에서 외계인과 행성이 1:1로 연결되는 속성은 모양이다. 모양 이외에 색깔, 회전 가능성, 감정표현 등의 정보가 있다. 그러나 이러한 정보는 모양처럼 바로 눈에 들어오는 것이 아니므로 추상적 사고를 통해 행성과 외계인이 관련있는지 살펴보며 문제를 해결해야 한다.

문제 속의 정보과학

주어진 정보 분석은 문제해결에 있어 핵심적인 요소이다. 이 문제에서는 외계인과 행성 사이에 비슷한 특징을 찾아 분석하여 연결해야 한다. 그리고 다른 모든 외계인과 행성 또한 같은 방법으로 분석해야 한다.

02 전등 프로그래밍

| 정답 | B, C

전형적인 이진수에 대한 문제로 각 위치의 상태는 명령어가 실행될 때마다 바뀐다. A, D는 문제에서 제시된 그림과 같은 형태로 불이 켜지지만 B, C는 다른 상태로 나타나게 된다.

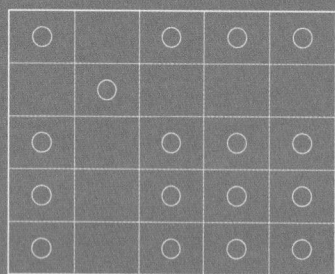
〈B의 결과〉

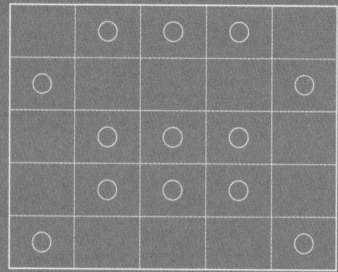
〈C의 결과〉

문제 속의 정보과학

이진수 시스템은 종류에 상관없이 모든 정보를 컴퓨터에 저장하는 데 가장 핵심적인 역할을 한다. 이진 논리를 이해하면 컴퓨터와 관련된 많은 수수께끼를 해결할 수 있다. 컴퓨터는 근본적으로 이진수를 켜고 끄는 기계이기 때문이다. 정보과학에서 이진수 표현을 사용하는 이유는 비트 단위로 저장되고 각 비트가 0 또는 1의 값을 가질 수 있기 때문이다. 이 문제의 램프 또한 두 가지 상태, 즉 램프가 켜지고 꺼지는 이진수 혹은 부울대수를 기반으로 한다.

03 비버의 옷 입기 규칙

| 정답 | B

두 번째 비버(B)는 정해진 규칙에 맞지 않는 옷을 입고 있다. 그는 빨간 모자 대신에 파란색 모자를 써야 한다.

문제 속의 정보과학

이것은 패턴 인식에 사용되는 의사결정 트리의 예이다. 의사결정 트리(decision tree)는 결정하기 위한 가능한 모든 결과를 설명하기 위해 분기(갈라지기) 방법을 사용하는 그래프이다.

04 상수도

| 정답 | (1)

(1) B가 열려 있고 A가 닫혀 있으므로 나무에 물을 줄 수 있다.

(2) A가 열려 있기 때문에 B에서 나오는 물이 A를 통해 흘러 내려간다.

(3) B가 닫혀 있기 때문에 왼쪽 물통 입구에서 물이 나오지 않는다. C가 닫혀 있으므로 오른쪽 물통도 차단된다.

(4) B가 닫혀 있기 때문에 왼쪽 물통 입구에서 물이 나오지 않는다. C가 닫혀 있으므로 오른쪽 물통도 차단된다.

문제 속의 정보과학

컴퓨터 프로그램은 실제 물건을 모델링하는 데이터 구조를 처리한다. 모델은 추상화이며 실제 현상을 단순화한 이미지이다. 이 문제에서 수도꼭지는 열린 값 또는 닫힌 값을 포함하는 변수로 나타낸다. 이것은 수도꼭지의 다른 속성은 무시하고 열림과 닫힘 2가지 속성만으로 간단하게 추상화한 것이다.

체험하기 정답

01 미로문제

| 정답 | D

설명
아래 그림에서 녹색 선은 각 미로에서 로봇 자동차가 이동하는 경로를 나타낸다. 미로 A, B, D에서는 빨간 점에 도달할 수 있지만 미로 C에서는 중앙 부분을 탐색하지 못하기 때문에 빨간 점에 도달하지 못한다.

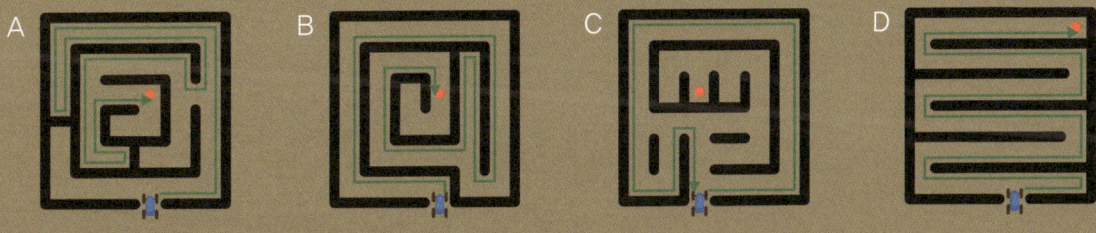

문제 속의 정보과학
여기에서 사용된 방법의 이름은 '벽 따라가기(wall follower)'이다. 미로를 탐색하는 간단한 방법이며, 미로가 어떻게 구성되었는지 모를 때에 사용할 수 있다. 이 규칙을 사용하면 절대 길을 잃어버리지 않고, 결국에는 시작 지점으로 돌아오게 된다. 그러나 위 예에서 나타난 것과 같이 미로를 완전히 탐색하지는 못 하는 경우도 있다.

핵심 주제
미로 탐색 알고리즘, 벽 따라가기

참고 웹사이트
https://en.wikipedia.org/wiki/Maze_solving_algorithm

02 비밀 요리법

| 정답 | B

설명
만약 재료 B부터 순서대로 올린다면 5개의 재료를 정확한 순서대로 올릴 수 있다. 첫 번째로 올려야 하는 재료는 어떤 종이에도 나타나 있지 않아야 한다. 딸기를 선택하면 옆에 종이가 없기 때문에 다음 재료를 올려놓을 수 없다. 사과도 정답이 아니다. 만약 사과를 가장 먼저 올리면 꽃을 재료로 사용할 수 없게 된다. 솔방울도 정답이 아니다. 만약 솔방울을 가장 먼저 올리면 꽃과 사과를 재료로 사용할 수 없게 된다.

문제 속의 정보과학
여기에서 사용한 데이터 구조는 임의의 수의 항목이 연결된 연결 리스트이다. 연결 리스트는 데이터 요소들을 선형적으로 연결한 것으로, 이때 데이터 요소는 '항목'과 '다음 항목을 가리키는 포인터'로 구성된다. 연결 리스트의 첫 번째 항목은 굉장히 중요한데 그 이유는 전체 리스트가 참조하는 첫 번째 지점이기 때문이다. 이 문제에서 사용된 요리법이 연결 리스트이다. 요리에 사용된 재료들이 항목이며 각각의 재료 옆에 놓여 있었던 종이들은 포인터들이다. 다시 말하면, 식물들은 데이터이고 종이들은 포인터가 되는 것이다. 첫 번째에 있는 것은 어떤 다른 종이에도 없는 재료이지만, 그 다음 재료가 무엇인지는 알 수 있다. 이 항목들은 한 가지만 참조하기 때문에 다음 데이터 요소가 무엇인지 알지만 이전 데이터 요소가 무엇인지는 알 수 없다. 연결 리스트의 장점은 유형과 크기가 다른 항목들도 함께 저장될 수 있다는 것이다. 위 예에서 과일과 꽃은 유형이 다르지만 연결 리스트에 함께 저장될 수 있다. 연결 리스트는 선형적이지 않을 수도 있다. 연결 리스트의 각 항목들은 다른 연결 리스트의 항목을 참조할 수 있다.

핵심 주제
연결 리스트, 리스트, 항목, 포인터
- 포인터: 정보를 위치를 표시하기 위한 변수

참고 웹사이트
https://en.wikipedia.org/wiki/Linked_list

03 마법의 물약

| 정답 | B

설명
실험1에 의해서 A, B, C는 귀 물약, 코 물약, 이빨 물약이 섞인 것으로 어느 것도 물이 들어있는 물 비커가 아니다. 실험2에 의해서 A, D, E는 물, 귀 물약, 눈 물약이 섞인 것이다. 따라서 A는 귀 물약이다. 실험3에 의해서 C, D, F는 물, 코, 수염 물약이 섞인 것이다. 따라서 C는 코 물약, D는 물, F는 수염 물약이고, 전체를 보면 B는 이빨 물약, E는 눈 물약인 것을 알게 된다.

문제 속의 정보과학
컴퓨터가 다루는 가장 작은 단위는 0과 1을 의미하는 비트(bit)이다. 컴퓨터에 있는 모든 정보들은 이런 비트의 조합으로 저장된다. 컴퓨터 과학에서 중요한 논리는 어떤 결정을 따라야 하는지 결정하는데 이때 각 결정들은 특정 비트가 0이라는 값을 가지는지, 1이라는 값을 가지는지에 따라 정해진다. 이 문제에서는 논리적 추론을 통해 몇 가지 새로운 정보를 찾아내야 한다. 이 문제는 기본적인 집합 이론과도 관련이 있다. 우리는 첫 번째 실험에서 쓰이지 않은 비커를 찾으려 했다. 즉, A, B, C의 여집합에 해당하는 비커만 고려하면 된다. 그리고 이 중에서 실험 2와 3에서 사용한 비커들과의 교집합을 구했다.

핵심 주제
논리적 추론, 집합, 교집합, 합집합, 여집합

04 래프팅

| 정답 | D

설명
정답을 알기 위해서는 일일이 다이어그램을 따라가 보아야 한다. 이 다이어그램에서 BR00A0은 옳지 않다. 왜냐하면 0 다음에 A가 나타날 수 없기 때문이다. A에서 0으로 가는 화살표는 있지만, 반대 방향의 화살표는 없다.

문제 속의 정보과학
컴퓨터 과학 이론에서 유한 오토마타는 중요하다. 컴퓨터는 종종 문서 또는 컴퓨터 프로그램에 있는 문자열 또는 단어를 유한 오토마타를 통해 읽어 나간다. 유한 오토마타는 명령어 열을 읽어서, 어떤 문자열이 허용되는지는 것인지 아닌지를 알려준다.

핵심 주제
유한 오토마타, 다이어그램, 이진수, 열(sequence)
- 유한 오토마타: 컴퓨터 프로그램과 전자 논리 회로를 설계하는 데에 쓰이는 수학적 모델. 간단히 유한 상태 기계라고 부르기도 하며 이러한 기계는 한 번에 오로지 하나의 상태만을 가지게 된다. 어떠한 사건(Event)에 의해 현재 상태에서 다른 상태로 변화할 수 있다.

참고 웹사이트
https://en.wikipedia.org/wiki/Finite-state_machine

05 그림 바꾸기

| 정답 | B

설명
위 알고리즘을 적용한 결과 정답은 B이다. 다른 보기는 옳지 않다. A와 C의 경우, 2번째 그림이 잘못되었다. D도 마찬가지로 옳지 않다.

문제 속의 정보과학
이 문제를 풀면서 알고리즘을 수행해 볼 수 있다. 알고리즘이란 컴퓨터 명령어들을 순차적으로 나열한 것을 의미한다. 이 알고리즘은 픽셀을 변화시켰기 때문에 출력되는 알고리즘의 간단한 버전이라 볼 수 있다. 실제로는 이미지의 강도를 조절하거나, 필터를 적용하거나, 다른 이미지 변환 방식을 사용한 것이다.

핵심 주제
출력, 이미지 변환, 알고리즘

참고 웹사이트
https://en.wikipedia.org/wiki/Computer_vision

06 공원 청소

| 정답 | B

설명
280m를 걸어야 한다. 더 짧은 경로가 없다는 것을 증명하기 위해서 학교는 3개의 길로 연결되어 있다는 것을 보아야 한다. 3개의 길이 있기 때문에 지혜는 학교를 떠난 다음, 다시 학교로 돌아오고 그 다음에 다시 학교를 떠난 다음에 돌아와야 한다. 따라서 하나의 길은 반드시 두 번 반복해서 걸을 수밖에 없다. 27개의 길이 있기 때문에 최소한 28개의 길을 지나가야 한다. 각 길의 길이는 10m이므로 최소 280m를 걸어야 한다.

문제 속의 정보과학
이 문제에 나타난 컴퓨터 과학의 핵심 개념은 한 붓 그리기 - 오일러 회로(Eulerian circuits)이다. 오일러 회로는 모든 간선(edge)을 정확히 한 번씩 방문하고 처음 위치로 돌아오는 경로를 말한다. 이 문제에서는 그런 회로가 존재하지 않기 때문에, 그나마 가장 최적의 경로를 찾을 수밖에 없다. 그런 회로가 없다는 것을 알기 위해서는 그림을 그래프 형태로 변환하면 된다. 그래프는 간선으로 연결된 정점(vertex)의 집합이다. 이 문제에서 정점은 교차로이고 간선은 길이다. 그래프 이론의 유명한 정리는 모든 차수[*]가 짝수일 때에는 오일러 회로가 존재하고 그렇지 않으면 존재하지 않는다는 것이다. 이 문제에서는 학교와 연결된 길이 3개가 있었으므로 (차수가 3인 교차로가 있으므로) 오일러 회로가 존재하지 않는다. 이 문제에서 간선 하나가 삭제된 오일러 회로가 있는 공원을 생각해 보라. 그러면 26개의 길이 있으므로 260m만 걸으면 돌아올 수 있다. 그 공원에서 삭제된 간선 하나를 추가해 보면, 이제 280m만 걸으면 돌아올 수 있다는 것을 알 수 있다. 이런 방식을 사용하면 최단 경로를 직접 찾지 않더라도 최단 경로의 길이가 어떻게 되는지를 찾아낼 수 있다.

[*] 차수: 한점에서 다른 점으로 바로 갈 수 있는 방법의 수를 말한다. × 모양의 가운데 점은 차수가 4개이다.

핵심 주제
한 붓 그리기, 오일러 경로, 오일러 회로, 그래프 이론

참고 웹사이트
https://en.wikipedia.org/wiki/Eulerian_path

07 꽃 색칠하기

| 정답 | C

설명
두 번의 추측을 통해서 3개의 꽃이 피었다. 그렇기 때문에 3개의 꽃 색깔은 알고 있다. 따라서 보기 A는 정답이 아니다. 첫 번째 추측 결과에 따라 두 번째 꽃은 핑크색이 아니라는 사실을 알게 된다. 따라서 보기 D도 정답이 아니다. 두 번째 추측 결과에 따라 네 번째 꽃은 파란색이 아니고 오렌지색도 아니라는 것을 알게 된다. 그러면 핑크색이라는 것을 알 수 있기 때문에 보기 B도 정답이 아니다.

문제 속의 정보과학
일어나거나 일어나지 않은 이벤트에 대한 결과를 그려보는 것은 다양한 종류의 문제를 풀기 위한 중요한 능력 중의 하나이다. 이 문제는 마스터마인드 보드 게임(Mastermind board game)의 단순화된 버전이다. 이 문제가 더 단순한 이유는 추측할 때마다 모든 꽃에 대한 정보를 얻기 때문이다. 매번 추측을 할 때마다 꽃을 피우지 않은 꽃에 대해 다른 색깔을 선택하도록 하면 언제나 세 번째 추측할 때는 모든 꽃들의 색깔을 알 수 있게 된다.

핵심 주제
논리적 게임, 마스터마인드(Mastermind)
- 마스터마인드: 상대방의 코드를 추리하는 보드게임의 종류

참고 웹사이트
https://en.wikipedia.org/wiki/Mastermind_%28board_game%29

08 네온 글자

| 정답 | C

설명
다음 테이블은 각 글자들이 시간에 따라 변하는 모습을 나타낸다.

1. min	R	I	V	E	R
2. min	R	I	V	E	R
3. min	R	I	V	E	R
4. min	R	I	V	E	R
5. min	R	I	V	E	R
6. min	R	I	V	E	R
7. min	R	I	V	E	R

5분이 지난 후, 6분 째가 되면 노란색, 파란색, 빨간색, 파란색, 노란색이 되는 것을 볼 수 있다. 따라서 정답은 C이다. 보기 A는 7분 째의 색깔이며 보기 B는 5분 째의 색깔이다. 보기 D의 글자 색깔들은 시간이 지나도 나타나지 않는다.

문제 속의 정보과학
이 문제는 병렬 알고리즘을 나타낸 것이다.

핵심 주제
병렬, 프로그래밍

참고 웹사이트
http://www.w3ii.com/ko/parallel_algorithm/parallel_algorithm_introduction.html

09 무당벌레

| 정답 | B

설명
각 지점마다 이웃에 있는 무당벌레의 수를 계산하면 알 수 있다.

문제 속의 정보과학
격자는 행과 열로 구성된 간단한 구조이다. 여기서 우리는 각 지점 간의 관계를 살펴보았다. 픽셀 기반의 이미지는 격자 형태의 데이터 구조를 사용하고 있는 대표적인 예이다. 픽셀 기반의 이미지에 적용되는 필터들은 각 픽셀들의 이웃 정보를 활용하는 경우가 많다. 목적에 따라 '이웃 픽셀'을 다르게 정의할 수도 있다.

핵심 주제
격자, 격자에서의 이웃, 이웃 셀

10 비버 바둑

| 정답 | D

설명
이 그림에서 가장 높은 점수를 얻을 수 있는 경우는 35이고, 가장 낮은 점수를 얻게 되는 경우는 −1이다. 그러나 이 두 가지 경우는 일어나지 않는다. 만약 당신이 이 상황에서 왼쪽을 선택한다면 그 다음에 로봇도 왼쪽을 선택할 것이다. 그러면 점수는 −1점이 된다. 그러나 만약 당신이 처음에 오른쪽 선택을 한다면, 로봇도 오른쪽 선택을 하여 6점을 얻게 된다.

문제 속의 정보과학
미래의 가능한 게임 상태를 트리(tree) 형태로 나타낼 수 있다. 트리를 탐색함으로써 게임 참가자는 최적의 해법을 찾아낼 수 있다. 이 탐색 과정에서 게임 참가자 A는 자신의 점수를 최대화하는 선택을 하려 할 것이다. 마찬가지로, 게임 참가자 B는 A의 점수를 최소화하려 할 것이다. 따라서 최대화/최소화하는 점수들이 반복적으로 선택된다.

핵심 주제
게임, 최소-최대 탐색, 트리 구조

참고 웹사이트
https://en.wikipedia.org/wiki/Game_tree

11 비버의 보온 컵 수집

| 정답 | B

설명

	빨간색	노란색	녹색	파란색	갈색	합계
아시아	2	1	3	2	2	10
유럽	3	3	7	4	10	27
북아메리카	3	7	3	11	4	30
남아메리카	0	3	5	1	0	9
아프리카	1	0	0	0	0	1
오세아니아	0	2	1	1	0	4
합계	9	16	21	19	16	81

표에 있는 수들을 더해 보면 북아메리카 행, 녹색 열이 잘못되었다는 것을 알 수 있다.

북아메리카 = 3+7+3+11+4 = 28
녹색 = 3+7+3+5+0+1 = 19

표에 있는 수와 비교해 보면 2만큼 차이가 나는 것을 확인할 수 있다.

문제 속의 정보과학
체크섬(checksum)은 데이터 무결성을 확인하기 위해 종종 디지털 데이터의 마지막에 삽입된다. 네트워크 전송 시에 활용할 수 있고, 데이터를 저장할 때 오류가 나는지를 감지하기 위해 CD, DVD, 하드디스크에도 활용될 수 있다.

핵심 주제
오류 검출, 오류 수정, 체크섬(Checksum)

참고 웹사이트
https://en.wikipedia.org/wiki/Error_detection_and_correction
https://en.wikipedia.org/wiki/Checksum

12 비밀 메시지

| 정답 | B

설명

비밀 메시지를 격자에 쓰면 원래의 메시지를 찾을 수 있다. 메시지를 쓸 때는 위에서부터 아래로, 그리고 그 다음 열로 넘어가서 다시 동일한 과정을 반복한다. 이 격자에서 왼쪽에서 오른쪽으로 문자를 하나씩 읽어 들인다. 그리고 그 다음 행으로 넘어가서 다시 동일한 과정을 반복하면 다음과 같은 메시지를 확인할 수 있다.

OKIWILLBETHERE!

문제 속의 정보과학

내가 네트워크로 보낸 메시지는 누군가가 가로챌 가능성이 있다. 만약 그 메시지가 비밀번호나 개인 정보를 담은 메시지라면, 누군가가 가로채더라도 그 메시지가 무엇을 의미하는지 알 수 없게 하면 좋을 것이다. 따라서 메시지는 종종 암호화되어(encrypted) 비밀 메시지로 변환하여 전달된다. 비밀 메시지를 만든다면, 그 메시지를 받은 사람만 복호화할 수 있기 때문에 안전하다.

메시지를 암호화하고 복호화하는 방법을 암호법(cipher)라 한다. 많은 종류의 암호법들이 있는데, 이 문제에서 사용한 것은 전치 암호법(transposition cipher)이라 한다. 그 이유는 행을 열로 바꾸고, 열을 행으로 바꾸었으므로 메시지에 나타난 문자의 순서가 달라지기 때문이다. 암호법을 연구하는 학문을 암호학(cryptography)이라 한다. 암호학은 매우 다양하고 큰 연구 분야이며, 어려운 수학 문제에 기반하는 매우 복잡한 형태의 암호법들이 존재한다.

핵심 주제

암호 메시지, 암호학, 암호법, 암호화, 복호화, 전전치

참고 웹사이트

http://computer.howstuffworks.com/encryption.htm

01 2진수 대문

| 정답 | B

설명
3가지의 높이로 양쪽으로 걸쳐지는 각각의 막대기들은 2가지의 상태만 가능하다.
문제에서는 높이가 다르게 걸칠 수 있는 3개의 막대기 걸이가 있다. 따라서 3개의 막대기를 걸칠지 말지의 여부에 따라 가능한 모든 경우를 계산해보면, 2×2×2=8가지가 된다.
2진수는 서로 다른 의미를 가지는 2개의 기호들만을 이용해, 원하는 어떤 값을 표현하는 수 체계이다. 다음의 그림들은 3개의 막대기로 만들 수 있는 8개의 모든 경우와 그 경우들을 2진 코드로 표현한 예이다.

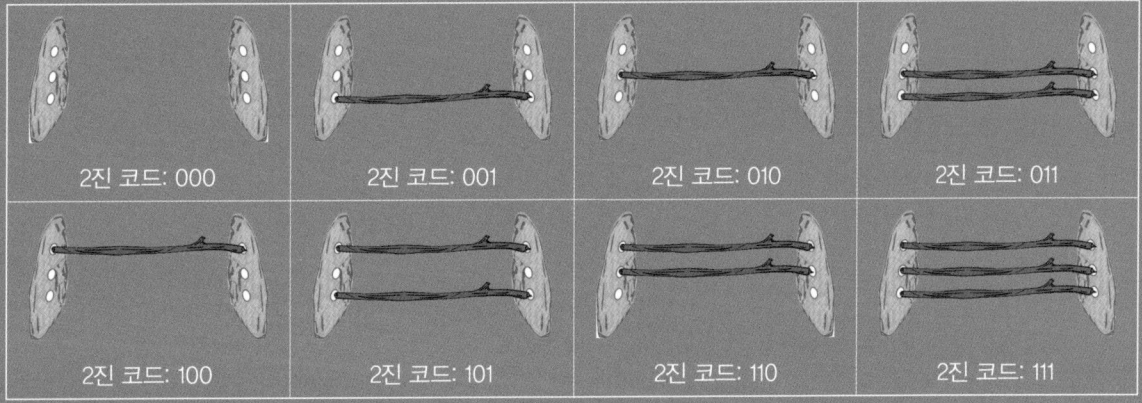

문제 속의 정보과학
이 문제에서는 2진수, 2진수 표현과 관련되는 2진 체계, 기초적인 조합론(combinatorics)을 다루고 있다. 정보과학에서는 2진수, 계승(factorial) 계산 등과 같은 수학 개념들을 자주 다루게 되는데, 수학은 정보과학에 있어서 매우 중요한 이론적 기반이다.

핵심 주제
이진 체계, 조합

02 주차 공간

| 정답 | B

설명
월요일과 화요일에 사용된 주차 공간을 겹쳐 놓고 생각하면, 두 날 모두 사용되지 않은 주차 공간들을 찾아낼 수 있다. 그렇게 그림을 겹쳐보면, 월요일과 화요일 모두 한 번도 사용되지 않은 주차 공간이 4개라는 것을 쉽게 찾아낼 수 있다.

주차장 공간(월요일과 화요일)

문제 속의 정보과학
컴퓨터로 저장되고 처리되는 모든 데이터들은 0 또는 1을 어떤 순서에 따라 많이 나열한 것이라고 생각할 수 있다. 0 또는 1로만 표현하는 가장 작은 하나의 단위를 비트(bit)라고 하고, 비트들을 나열한 것을 2진 코드(binary code), 2진법 표현(binary representation), 2진수(binary number)라고 부른다. 주어진 문제에서 자동차가 주차되어 있는 공간은 1로, 자동차가 주차되어 있지 않은 공간은 0으로 모델링할 수 있다. 이렇게 하면 각각의 주차 공간을 그에 대응되는 비트로 생각할 수 있게 된다. 주차 공간의 사용 여부를 어떤 순서를 만들어 0/1로 표현해 다시 나열하면, 비트들로 이루어진 문자열을 만들 수 있다. 예를 들어, 윗줄부터 아래로 내려가면서, 같은 줄에 대해서는 왼쪽에서 오른쪽으로 가면서, 주차 공간의 사용 여부를 비트열로 다시 표현하면, 월요일의 주차 공간 사용 상황은 101001001010으로 표현할 수 있고, 화요일의 주차 공간 사용 상황은 100100000111로 표현할 수 있다. 주어진 문제에서는 2개의 12자리 2진 표현에서 모두 0인 부분을 찾아내는 것과 같다. 이렇게 2개의 비트열을 각 자리별로 비교해, 둘 중 한 개라도 1인 경우 1로 계산하는 동작을 (비트 단위) 논리합(OR)이라고 한다.

```
          101001001010
비트 단위 OR 100100000111
          ─────────────
          101101001111
```

이와 같이 비트 단위 논리합을 각 자리별로 논리합(OR)하여 계산할 수 있고, 그 계산 결과인 101101001111에는 0이 4개가 있다. 이 결과는 문제의 정답과 같음을 알 수 있다.

핵심 주제
비트, 이진수, 논리합, 논리 연산자

03 알림 글 전달

| 정답 | C

설명
레오가 받은 카드들을 카드에 적혀있는 번호에 따라 순서대로 정리하면 아래와 같고, 바이올렛이 보냈던 원래의 메시지로 만들 수 있다.

문제 속의 정보과학
이메일 메시지, 이미지, 동영상과 같은 데이터들이 인터넷을 통해 전송될 때에는 똑같이 65536개 (길이의) 문자 단위로 잘려진 패킷들(packets)로 전송된다. 패킷들로 나누어진 데이터들은 패킷들을 합치는 순서, 패킷을 발송한 곳, 패킷을 받을 곳 등과 같은 정보들과 함께 묶여 라우터(router) 장비들을 통해 전송된다. 원래의 데이터 패킷과 함께 전달된 추가적인 정보들은 데이터들이 원래의 순서와 상관없이 전달되거나, 데이터가 전달되는 과정에서 발생된 오류들이 포함되어 있더라도 패킷들을 전달받은 곳에서 원래의 메시지로 재결합될 수 있도록 보장해 준다.

핵심 주제
인터넷 프로토콜, 패킷

04 팔이 하나인 비버

| 정답 |

이 과제를 해결하는 데는 여러 가지 방법이 있다. 가장 간단한 방법은 별도의 보관소 공간을 사용하여 한 쌍의 나뭇가지를 서로 바꾸는 것이다.

① 첫 번째 나뭇가지를 옮겨서 별도의 보관소에 보관한다.
② 다른 나뭇가지를 첫 번째 나뭇가지가 원래 놓인 곳으로 옮긴다.
③ 별도의 보관소에서 첫 번째 나뭇가지가 놓였던 곳으로 나뭇가지를 옮긴다.

이 방법을 사용하면 모든 나뭇가지가 순서대로 놓일 때까지 나뭇가지 쌍을 서로 바꾸어 원하는 순서를 만들 수 있다.

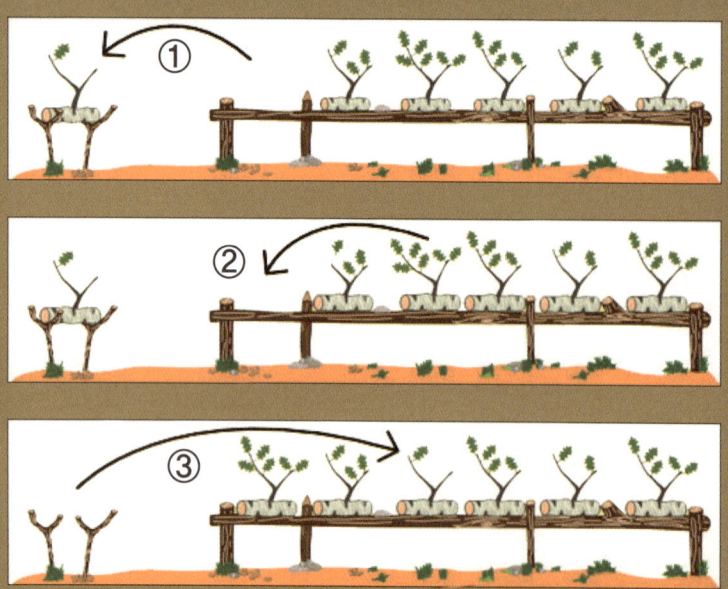

문제 속의 정보과학

임시 보관소를 사용하여 두 곳의 나뭇가지를 서로 바꾸는 것은 컴퓨터 과학에서 널리 사용된다. "보관소"는 일반적으로 변수이고 두 변수의 값을 바꾸기 위해 a의 값을 임시 변수 t에 저장하고, b의 값을 a에 저장한 후에 t의 값을 b에 저장하면 된다. 제한된 양의 메모리를 사용하여 목록을 순서대로 놓으려면 다음 선택 정렬과 같은 알고리즘을 사용한다. 첫 번째 요소부터 마지막 요소까지 임시 변수를 사용하여 나머지 목록에서 가장 작은 요소로 바꾼다.

핵심 주제

두 변수의 값 교환, 정렬

05 웃어 주세요

| 정답 | A

설명

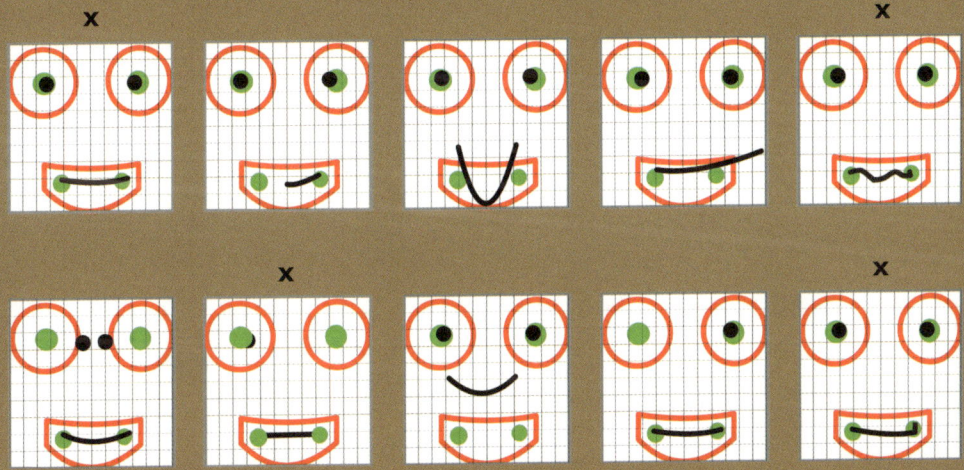

문제 속의 정보과학

컴퓨터 과학자는 사진이나 라이브 카메라 이미지에서 특정 유형(예: 인간의 얼굴)의 개체를 인식할 수 있는 시스템을 개발한다. 이것은 요즘 기계 학습(딥 러닝)에서 채택하는 복잡한 기술이다. 그러나 이 작업에는 카메라 이미지의 간단한 사전 처리, 모델링 및 간단한 규칙 적용이 포함된다.

이 연습에서 사용된 근사값이 너무 간단하고 여러 가지 함정이 있다는 것을 강조하는 것은 중요하다. 예를 들어 이 실습에서 정답으로 선택된 네 개의 얼굴 중 두 개만 미소를 적절하게 나타낸다. 여기에서 그치지 않고 미래에 실제로 사용할 수 있는 인식 시스템을 설계할 때는 로봇 여권 검사기가 가는 눈을 가진 아시아인의 사진을 거부하기도 하기 때문에 우리가 생각하는 만큼 완벽하지 않다는 점을 명심해야 한다.

핵심 주제

전-처리, 미소 패턴 감지

06 새장

| 정답 | C

설명
새장 1에는 하나의 창과 2개의 하트 무늬만 있기 때문에 A는 올바르지 않다. 새장 2에는 두 개의 창이 있지만 하트 무늬는 없기 때문에 B는 올바르지 않다. 새장 4에는 하나의 창만 있기 때문에 D는 올바르지 않다.

문제 속의 정보과학
추상화는 문제 또는 도전 과제에서 가장 중요하거나 정의된 기능을 추출하는 절차이다. 추출된 기능은 도전 과제를 검사하고 잠재적인 해결책을 찾기 위한 정보를 제공한다. 그것은 불필요한 세부 정보를 걸러 내고 문제를 해결하는 것과 관련된 정보만을 보는 것이다. 이것은 문제의 측면에서 유사점과 차이점을 강조함으로써 도움을 줄 수 있다. 현재 과제에서는 특정 속성을 가진 개체를 확인한 다음에 그 속성을 갖지 못한 개체를 제외한다.

핵심 주제
패턴, 속성, 추상화

07 벽 지우기

| 정답 | A

최소로 부숴야 하는 벽의 수는 3개이다. 아래의 그림에서 부숴야 하는 벽들은 빨간색 선으로 표기되어 있다. 녹색 선은 최소로 벽을 부수면서 움직이는 경로를 나타낸다.

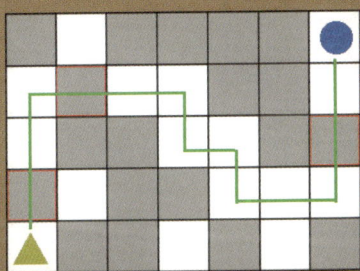

설명

이 문제를 풀기 위한 체계적인 방법은 각 칸에 도착하기 위해 최소로 부숴야 하는 벽의 개수를 세는 것이다. 첫 번째 열부터 계산한다. 첫 번째 칸(가장 왼쪽 아래의 칸)이 시작 위치이기 때문에, 여기에 0이라고 표기할 수 있다. 그 다음에는 두 번째 칸(첫 번째 칸보다 한 칸 위에 있는 칸)에 표기하고, 세 번째, 네 번째, 다섯 번째 칸에 순서대로 계산하여 표기한다. 각 단계에서 만약 현재의 칸이 벽이라면, 이전 칸의 숫자보다 1만큼 큰 숫자를 기재한다. 만약 현재의 칸이 벽이 아니라면, 이전 칸의 숫자를 그대로 기재한다.

그런 뒤 다음 열을 살펴본다. 이번에는 어떤 칸에 숫자를 기재할 때, 한 칸 아래에 있는 숫자와 한 칸 왼쪽에 있는 숫자를 함께 봐야 한다. 이 2개의 숫자 중 더 작은 값을 현재의 칸에 기재한다. 만약 현재 칸이 벽이라면, 이 값에 1을 더하여 기재한다.

잊지 말아야 할 것은 이렇게 칸을 숫자로 채운 후, 반대 방향으로도 다시 확인해 보아야 한다는 점이다. 만약 더 작은 값을 쓸 수 있는 경우, 더 작은 값으로 바꾸어 주어야 한다. 가끔 이렇게 값을 바꾼 경우, 다른 인접한 칸의 값들도 바꾸어야 하는 경우가 있다. 그렇기 때문에 이 과정을 여러 번 반복하는 것이 필요하다. 아래 그림에서 값이 바뀐 칸들을 노란색으로 표기하였다.

모든 칸들에 값을 표기한 이후에는 도착 지점에 적힌 값을 보면 된다. 이 문제의 경우 3이다. 즉, 도착 지점에 도달하기 위해서는 3개의 벽을 부수는 것이 필요하다.

문제 속의 정보과학

미로에서 경로를 찾는 문제는 컴퓨터과학 문제로 알려져 있다. 이 문제는 다른 문제들과 아이디어가 비슷하지만, 최소의 벽을 부숴야 하는 제약조건이 추가되어 있다.

이 문제를 체계적으로 푸는 것은 알고리즘적 사고를 필요로 한다. 시작 지점에서 시작하여 모든 칸을 살펴봐야 한다. 각 칸에 적힌 숫자는, 시작 지점부터 그 칸까지 이동할 때 부숴야 하는 벽의 개수를 의미한다. 이 숫자들은 배열에 저장될 수 있는데, 컴퓨터 과학에서 배열은 값이나 변수를 저장할 수 있는 데이터 구조이다.

핵심 주제

미로, 경로, 배열, 데이터 구조

08 다섯 개의 젓가락

| 정답 | D

설명

쉬운 설명을 위해 아래 그림과 같이 각 젓가락마다 번호를 붙인다. 수평으로 놓인 젓가락은 '왼쪽 끝'과 '오른쪽 끝'이 있다. 수직으로 놓인 젓가락은 '위쪽 끝'과 '아래쪽 끝'이 있다.

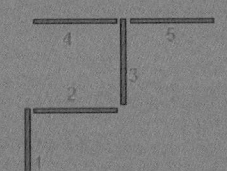

- A는 1번 젓가락을 5번 젓가락의 오른쪽 끝에 수직으로 두면 만들 수 있다.
- B는 5번 젓가락을 4번 젓가락의 왼쪽 끝, 1번 젓가락의 위쪽 끝 사이에 수직으로 두면 만들 수 있다.
- C는 1번 젓가락을 2번 젓가락의 오른쪽 끝에 수평으로 두면 만들 수 있다.

또 다른 방법으로는 하나의 젓가락을 옮긴 경우, 옮기기 전과 옮긴 후의 모습을 겹쳐 보면 젓가락이 6개가 되어야 한다. 예를 들어 아래 그림의 첫 번째 모양과 두 번째 모양을 겹치면, 세 번째 모양이 된다. 같은 방식으로 두 모양을 겹쳐보면, D만 6개가 넘는 젓가락이 생긴다.

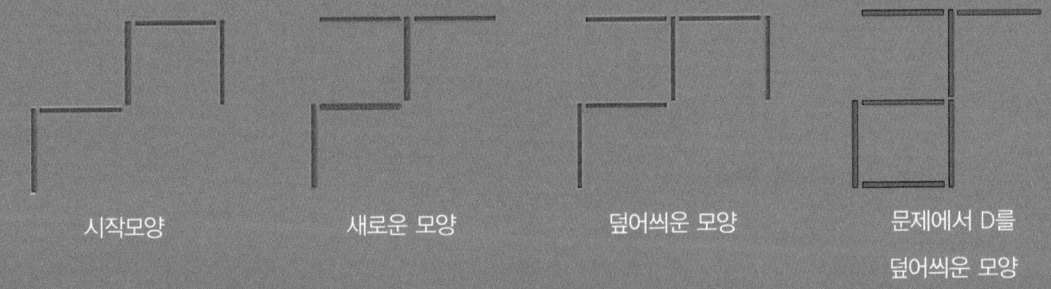

시작모양   새로운 모양   덮어씌운 모양   문제에서 D를 덮어씌운 모양

문제 속의 정보과학

젓가락을 옮겼을 때의 모양을 생각해 보는 것은 각 명령어(다른 곳으로 옮기는 것)의 결과를 예측하는 과정이다. 정답을 찾기 위해서는 매우 정확하게 예측해야 하는데, 이것은 컴퓨터 프로그램을 만들고 테스트하는 과정과 유사하다. 이 문제는 수학적인 문제로도 볼 수 있지만, 프로그래밍 문제로도 볼 수 있다. 젓가락을 움직이는 다양한 경우의 수가 있고, 과거의 행동이 어떻게 일어났는지, 미래의 행동이 어떻게 일어날지를 예측해야 한다. '두 모양 사이의 거리'를 젓가락을 움직인 횟수로 정의할 수 있다. 이렇게 정의한다면, 이 문제는 이전 모양과 현재의 모양 사이의 거리가 1인 모양을 찾는 것으로 바꾸어 볼 수 있다. 도달할 수 있는 각각의 상태들을 그래프를 사용하여 표현할 수도 있을 것이다. 이 그래프에서 정점들은 간선으로 연결되어 있을 텐데, 특정 정점을 찾는 것이 목표이다.

핵심 주제

알고리즘, 퍼즐

09 벽의 틈을 찾아라

| 정답 |
아래는 한 가지 가능한 정답이다.

'앞으로 이동' 앞으로 이동
'왼쪽으로 회전' 왼쪽으로 회전
'앞으로 이동' 앞으로 이동
'앞으로 이동' 앞으로 이동
'오른쪽으로 회전' 오른쪽으로 회전
'앞으로 이동' 앞으로 이동
'앞으로 이동' 앞으로 이동
'앞으로 이동' 앞으로 이동

설명
여러 가지 정답이 제시될 수 있는 문제이다. 위의 예시 답안처럼 절차를 구성해서 미로를 이동할 수 있도록 하면 된다.

문제 속의 정보과학
모바일 로보틱스에서 길을 찾는 것은 일반적인 문제이다. 미로를 찾는 것은 아주 일반적이지는 않지만 비슷한 컴퓨터 사고력을 필요로 한다. 이 문제를 풀기 위해 자율 로봇이 사용되었다. 미로는 여러 가지 종류가 있다. 순환 구조를 가질 수도 있고, 아닐 수도 있다. 격자 구조일 수도 있고, 격자 구조가 아닐 수도 있다. 이 문제에서는 벽의 틈을 찾기 위해 명확한 명령어가 필요하다.

핵심 주제
반복, 미로

책 소개

비버 챌린지 2017년도 기출문제집(초등학교 5~6학년용)
Bebras Korea 지음

이 책이 필요한 사람
첫째, 초등학교 5~6학년 누구나
둘째, 컴퓨팅 사고력을 기르고 싶은 사람
셋째, 비버 챌린지 참가자

이 책을 사야하는 이유
Bebras Korea가 직접 집필한 Bebras Challenge 기출문제집이자 공식 교재이다. Bebras Challenge를 완벽 대비할 수 있다.

비버 챌린지 2017년도 기출문제집(중학생용)
Bebras Korea 지음

이 책이 필요한 사람
첫째, 중학생 누구나
둘째, 컴퓨팅 사고력을 기르고 싶은 사람
셋째, 비버 챌린지 참가자

이 책을 사야하는 이유
Bebras Korea가 직접 집필한 Bebras Challenge 기출문제집이자 공식 교재이다. Bebras Challenge를 완벽 대비할 수 있다.

비버 챌린지 Ⅰ
Bebras Korea 지음

이 책이 필요한 사람
첫째, 학생들에게 컴퓨팅 사고력을 길러 주고 싶은 교사 누구나
둘째, 비버 챌린지 참가자를 지도하는 교사

이 책을 사야하는 이유
Bebras Korea가 직접 집필한 Bebras Challenge 기출문제집이자 공식 교재이다. Bebras Challenge를 완벽 대비할 수 있다.